Anuradha Bhatia

Captura e acompanhamento de imagens e vídeos em transmissões em direto

Anuradha Bhatia

Captura e acompanhamento de imagens e vídeos em transmissões em direto

ScienciaScripts

Imprint

Cover image: www.ingimage.com

This book is a translation from the original published under ISBN 978-620-2-31196-0.

Publisher:
Sciencia Scripts
is a trademark of
Dodo Books Indian Ocean Ltd. and OmniScriptum S.R.L publishing group

120 High Road, East Finchley, London, N2 9ED, United Kingdom
Str. Armeneasca 28/1, office 1, Chisinau MD-2012, Republic of Moldova, Europe
Managing Directors: Ieva Konstantinova, Victoria Ursu
info@omniscriptum.com

Printed at: see last page
ISBN: 978-620-8-40426-0

Sra. Anuradha Bhatia

Premiado como "Melhor Docente do Ano" na TechNext India 2018, Conferência e Prémios Anuais da Indústria e da Academia (2018), na subcategoria Evangelizar e Contribuir para a difusão de conhecimentos em várias instituições. Investigação sobre "Anti-forensics and Image Processing", Mestrado em Engenharia Informática, oradora nos temas Big Data Analytics, Blockchain, Programação e Análise R, Cassandra, Hadoop, Data Mining, Recuperação de Informação, Digital Forensics, Scrum e Agile case study, Processamento de Imagem e implementação de SAS. Elaborador de conteúdo para as disciplinas de programação em R e Big Data Analytics para cursos de Pós-Graduação.

Índice

LISTA DE ABREVIATURAS

HOG	Histogram of Oriented Gradient
SVM	Support Vector Machine
LCT	Live Capturing and Tracking
TPPF	True Positive Per Frame
FPPF	False Positive Per Frame
FPS	Frames Per Second
GPU	Graphics Processing Unit
FPPW	False Positive Per Window
FDPF	False Detect Per Window

RESUMO

Capturar e seguir o movimento de peões ou seres humanos e de qualquer objeto em movimento é sempre uma tarefa difícil para qualquer sistema. O sistema torna-se mais difícil devido à variação dos alvos, às condições de luz e ao movimento do objeto. O descritor do histograma de gradientes orientados (HOG)[1][2] é um dos melhores e mais populares descritores utilizados para a deteção de peões utilizando o classificador Harr. O detetor HOG é um algoritmo de janela deslizante, o que significa que, para uma dada imagem, é deslocada uma janela em todos os locais e escalas e é calculado um descritor. A janela é um classificador pré-treinado que é calculado para o conjunto de dados do descritor. O classificador utilizado é uma máquina de vectores de apoio linear e o descritor baseia-se em histogramas de orientações de gradiente. As orientações e a magnitude do gradiente são obtidas para cada pixel da imagem pré-processada.

O conjunto de dados é criado e o limiar de acerto é criado para o descritor para 30 fotogramas por segundo para as 1000 imagens positivas. O tamanho da janela de captura é reduzido para 320 por 240 para obter a eficiência e a velocidade que é a limitação do HOG. O sistema utiliza o HOG com o conjunto de dados treinados improvisados para a deteção humana. O projeto é um protótipo a ser implementado nos veículos com uma câmara e um sistema de alerta sonoro para o condutor assim que o peão for detectado.

A janela de captura real, o detetor sixe, é o tamanho real das imagens de treino. Os peões são redimensionados para 64 x 128 pixels, o que significa que o tamanho do peão é redimensionado para 128 pixels no passo de deteção de escala única. O conjunto de dados utilizado para o treino é o conjunto de dados INRIA, ao qual foram adicionadas as nossas imagens.

A componente de hardware do projeto pode ser implementada com uma câmara de alta qualidade e precisão, que pode ser colocada no veículo e emitir um alarme de alerta para o condutor. Este é apenas o protótipo da aplicação que pode ser desenvolvido para o futuro.

Capítulo 1

Introdução

1.1 Introdução

Detetar e identificar objectos na categoria mais ampla de objectos e na área mais restrita de peões a partir de muitos fundos diferentes e imagens circundantes é uma tarefa gigantesca. Torna-se muito difícil identificar se o objeto aparece contra um fundo agrupado. A tarefa difícil de diferenciar os seres humanos com vários fundos é classificada como

a) O grande número de localizações e escalas em que um objeto pode aparecer.

b) A perspetiva alargada e desconhecida dos padrões no fundo.

c) A variação global do objeto (Humanos) a ser detectado.

Tal como referido anteriormente, a categorização dos objectos será feita com base em detectores de classes individuais, por exemplo: um detetor pode ser treinado para detetar apenas automóveis, outro para bicicletas, outro para animais na categoria de gatos e cães e, numa perspetiva mais ampla, para humanos, etc. A deteção de várias classes implica então a aplicação subsequente de vários desses detectores.

Numa única aplicação com vários detectores, a abordagem torna-se difícil quando se trata do nível de aplicação da abordagem. Por isso, neste projeto, a abordagem restringe-se à deteção de seres humanos e à implementação da sua aplicação para a deteção de peões e a ativação de um alarme quando o peão é detectado. Esta abordagem pode ser implementada com a interface de hardware no veículo para alertar o condutor. A aplicação é útil para as pessoas que conduzem em longas distâncias e podem ficar fatigadas, o que provoca acidentes, e mesmo as pessoas não seguem as regras de trânsito e os peões atravessam a estrada à pressa, provocando muitos acidentes.

Nos últimos anos, a visão artificial e os automóveis ou veículos inteligentes com sistemas de segurança para a prevenção de acidentes são as principais áreas de investigação académica. As várias interfaces de hardware com a envolvente panorâmica do veículo são também consideradas para sensibilizar o condutor para a criticidade.

Um dos principais objectivos na área da investigação é a avaliação da deteção humana. A deteção de pessoas tem múltiplas utilizações, como se indica a seguir

1. Registo do número de pessoas que entram e saem das instalações de um auditório.

2. Manter a contagem do número de pessoas que entram no centro comercial.

3. Registar a base de dados numa empresa com a funcionalidade avançada de deteção de retina.

4. Deteção humana com a funcionalidade avançada de deteção de rostos.

5. Deteção de peões e alarme ao condutor.

Com a aplicação "Live Capturing and Tracking (LCT)", o objetivo é fazer a interface dos veículos com um dispositivo de hardware de captura para detetar peões e alertar o condutor com um alarme, nos casos em que o condutor não consiga evitar uma colisão. O LCT detecta o peão no modo de seguimento em direto com a orientação e os vários ângulos. Ao conceber a aplicação e a implementação, os vários desafios consistiram em identificar a aparência do peão entre o fundo muito concentrado, as cenas no fundo, o movimento da câmara e a velocidade de captura da interface de hardware.

A identificação do peão inclui a deteção baseada em partes do corpo, a filtragem do fundo com os vários conjuntos de teste e o treino da aplicação para o conjunto de dados "true positive per frame" (TPPF). As várias partes do corpo detectadas com os vários algoritmos e os dez conjuntos combinados para a deteção do corpo completo. O conjunto de dados é treinado e os falsos positivos por fotograma (FPPF) elevados são detectados, corrigidos e implementados.

As dificuldades em conceber e treinar o conjunto de dados da deteção baseada em partes e em combinar a deteção humana completa para reduzir os parâmetros de classificação reduzirão o número de falsos positivos, mas também o número de verdadeiros positivos. Conceber a técnica de seguimento treinando o conjunto de dados para reduzir o quadro de falsa deteção e reduzir a área de captura da câmara, de modo a reduzir os ruídos de fundo. O parâmetro para a captura de peões a partir do modo em direto, as seguintes caraterísticas são importantes no nosso projeto.

1. O tamanho do ecrã de captura pode ser reduzido para diminuir os ruídos de fundo.
2. O algoritmo HOG é implementado para uma aplicação na deteção humana completa.
3. A utilização de mais treino para o conjunto de dados para reduzir as falsas detecções por fotograma.
4. Uma aplicação, um protótipo de sistema para alertar o condutor em ambiente real crítico com otimização da velocidade.

Para o projeto e a sua aplicação na fase final de implementação, é utilizada uma câmara de vídeo para captar e seguir os peões. A mais recente tecnologia de câmaras ajuda-nos a dar clareza à imagem, reduzindo os ruídos de fundo.

No entanto, a captura e o seguimento de peões em direto continua a ser um desafio, uma vez que as pessoas aparecem em várias posturas, cores de pele, estilos de cabelo e posturas corporais. O ambiente do mundo real tem muito ruído, como as condições climatéricas, os fundos agrupados e as condições luminosas variáveis. O facto de a câmara estar montada num veículo em movimento dificulta a captação e o seguimento em direto.

A deteção de pessoas é o próximo passo lógico após o desenvolvimento de algoritmos de deteção de rostos bem sucedidos. No entanto, está provado que os seres humanos são um objeto muito mais difícil de detetar devido à grande variabilidade da sua aparência devido ao vestuário, às articulações e às condições de iluminação que são comuns em cenas exteriores. Recentemente, Dalal & Triggs apresentaram um algoritmo de deteção humana com excelentes resultados de deteção. O seu método utiliza uma grelha densa de histogramas de gradientes orientados (HOG), calculados em blocos de 16×16 pixels, para representar uma janela de deteção. Esta representação provou ser suficientemente poderosa para classificar os seres humanos utilizando uma máquina de vectores de apoio linear. Infelizmente, o seu método só pode processar 320×240 imagens a 1FPS utilizando uma metodologia de varrimento muito esparsa que avalia cerca de 800 janelas de deteção por imagem. Para aumentar a velocidade , enquanto aumenta o número de janelas de deteção para avaliação de 800 para 12.800 e 30 FPS para um vídeo.

A melhoria é conseguida através da combinação da abordagem de rejeição em cascata que é amplamente utilizada para a deteção de rostos com as caraterísticas HOG. No entanto, a descoberta da utilização de blocos de tamanho fixo, defendida por Dalal & Triggs, não é suficientemente informativa para permitir uma rejeição rápida nas fases iniciais da cascata. Para conceber um conjunto muito maior de blocos que varia em tamanhos, localizações e rácios de aspeto. A utilização do conjunto de dados INRIA é treinada para obter o resultado desejado. O resultado é um sistema de deteção de pessoas quase em tempo real que iguala os métodos existentes em termos de precisão e os supera significativamente em termos de velocidade. O método proposto em[3] , seguido dos pormenores da nossa estrutura e dos resultados experimentais.

1.2 Extração de dados

A extração de dados é o processo de analisar dados de diferentes perspectivas e resumi-los em informações úteis - informações que podem ser utilizadas para aumentar as receitas, reduzir os custos ou ambos. O software de extração de dados é uma das várias ferramentas analíticas para analisar dados. Permite aos utilizadores analisar dados de muitas dimensões ou ângulos diferentes, categorizá-los e resumir as relações identificadas. Tecnicamente, a extração de dados é o processo de encontrar correlações ou padrões entre dezenas de campos em grandes bases de dados relacionais.

Embora a extração de dados seja um termo relativamente novo, a tecnologia não o é. Há anos que as empresas utilizam computadores potentes para examinar volumes de dados de scanners de supermercados e analisar grupos de estudos de mercado. No entanto, as inovações contínuas na capacidade de processamento do computador, no armazenamento em disco e no software estatístico estão a aumentar drasticamente a precisão da análise, ao mesmo tempo que reduzem os custos. A extração de dados inclui a limpeza de dados, a integração de dados, a seleção de dados e a transformação de dados. A tarefa de extração de dados é essencialmente classificada em duas categorias: extração de dados primitiva e extração de dados descritiva. Um processo utilizado pelas empresas para transformar dados brutos em informações úteis. Ao utilizar software para procurar padrões em grandes lotes de dados, as empresas podem aprender mais sobre os seus clientes e desenvolver estratégias de marketing mais eficazes, bem como aumentar as vendas e diminuir os custos. A extração de dados depende de uma recolha e armazenamento de dados eficazes, bem como do processamento informático.

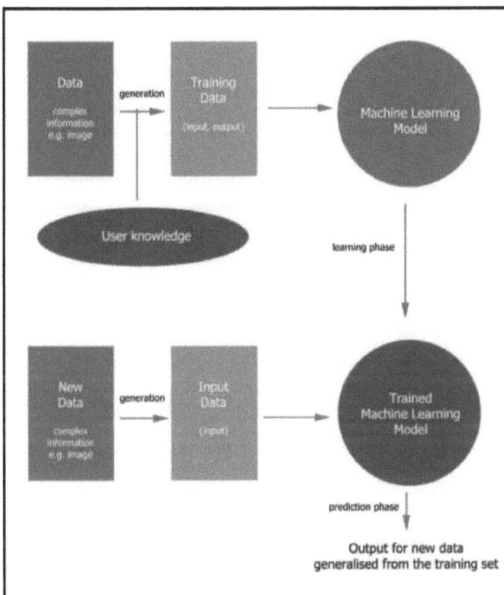

Figura 1: Extração de dados e processamento de imagens

O conceito de extração de dados, tal como apresentado na Figura 1, é aplicado na aplicação juntamente com o processamento de imagens, que é explicado mais adiante nesta secção.

É criado um conjunto de dados com as pessoas em diferentes posturas, texturas de pele e diferentes fundos. É criado um conjunto de dados de imagens negativas e positivas e, quando a entrada é dada ao sistema de aplicação, a extração é feita com o processamento de imagens e o resultado final é obtido.

É criado um grande conjunto de dados para obter a exatidão e a precisão da entrada e da saída. O conjunto de dados é treinado com vários parâmetros de limiar para detetar um peão.

A avaliação no domínio da extração de dados utiliza um conjunto de dados de teste em que o algoritmo de extração de dados não foi treinado. Os padrões aprendidos são aplicados a este conjunto de teste e o resultado resultante é comparado com o resultado pretendido.

1.3 Processamento de imagens

O processamento de imagens é um método para converter uma imagem em formato digital e efetuar algumas operações sobre ela, de modo a obter uma imagem melhorada ou a extrair dela alguma informação útil. É um tipo de distribuição de sinais em que a entrada é uma imagem, como um fotograma de vídeo ou uma fotografia, e a saída pode ser uma imagem ou caraterísticas associadas a essa imagem. Normalmente, o sistema de processamento de imagens inclui o tratamento de imagens como sinais bidimensionais, aplicando-lhes métodos de processamento de sinais já definidos.

É uma das tecnologias em rápido crescimento atualmente, com as suas aplicações em vários aspectos de uma empresa, sendo o processamento de imagens uma área de investigação central nas disciplinas de engenharia e ciências informáticas.

O processamento de imagens inclui basicamente as três etapas seguintes.

1. Importar a imagem com um scanner ótico ou por fotografia digital.
2. Analisar e manipular a imagem, o que inclui a compressão de dados e o melhoramento da imagem, a extração de imagens para fotografias e vídeos e a deteção de padrões que não são visíveis aos olhos humanos, como as fotografias de satélite.
3. A saída é a última fase em que o resultado pode ser uma imagem alterada ou um relatório baseado na análise da imagem ou no resultado do algoritmo de processamento de imagens da extração de dados.

Objetivo do processamento de imagens

O objetivo do processamento de imagens divide-se em 5 grupos. São eles:

1. Visualização - Observar os objectos que não são visíveis.
2. Nitidez e restauro de imagens - Para criar uma imagem melhor.
3. Recuperação de imagens - Procura da imagem de interesse.
4. Medição de padrões - Mede vários objectos numa imagem.
5. Reconhecimento de imagens - Distinguir os objectos de uma imagem.

Tipos

Os dois tipos de métodos utilizados no processamento de imagens são o processamento analógico e o processamento digital de imagens. As técnicas analógicas ou visuais de processamento de imagens podem ser utilizadas para as cópias em papel, como impressões e fotografias. Os analistas de imagem utilizam vários fundamentos de interpretação quando utilizam estas técnicas visuais. O processamento de imagens não se limita apenas à área que tem de ser estudada, mas ao conhecimento do analista. A associação é outra ferramenta importante no tratamento de imagens através de técnicas visuais. Assim, os analistas aplicam uma combinação de conhecimentos pessoais e dados colaterais ao tratamento de imagens.

As técnicas de processamento digital ajudam a manipular as imagens digitais através de computadores. Como os dados brutos dos sensores de imagem da plataforma de satélite contêm deficiências. Para ultrapassar essas deficiências e obter a originalidade da informação, têm de ser submetidos a várias fases de processamento. As três fases gerais a que todos os tipos de dados têm de ser submetidos quando se utiliza a técnica digital são o pré-processamento, o melhoramento e a visualização e a extração de informações. A aplicação implementa as várias fases do processamento de imagens, como se mostra na Figura 2.

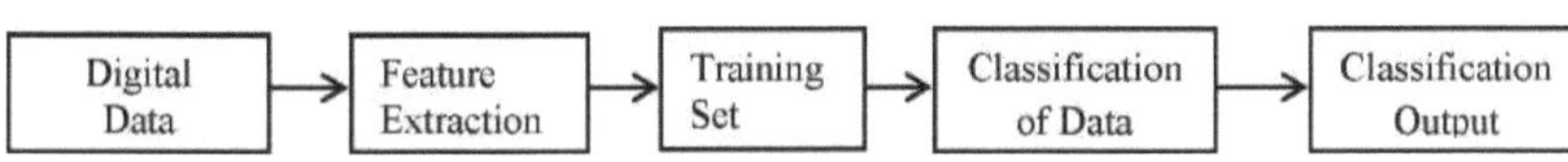

Figura 2: Processamento de imagens

1.4 Aplicação:

Nos últimos anos, a extração de dados e o processamento de imagens têm sido amplamente utilizados nas áreas da ciência e da engenharia para fins de investigação em vários domínios, como a bioinformática, a genética, a medicina, a educação e a engenharia eletrotécnica. Para a extração de dados e o processamento de imagens, as várias publicações de investigação são.

1. Recuperação de imagens de vídeo utilizando técnicas de extração de dados: A técnica de extração de dados pode ser aplicada em vários documentos. Neste documento, concentramo-nos na aplicação de dados de vídeo, designada por extração de dados de vídeo, porque a aquisição e o armazenamento de dados de vídeo é uma tarefa fácil, mas a recuperação de informação a partir de dados de vídeo é uma tarefa difícil. Isto inclui o desenvolvimento da técnica de deteção de disparos e, em seguida, a análise de quadros-chave é considerada para comparar os quadros de cada disparo entre si e definir a relação entre os disparos. Depois de

todas as técnicas de agrupamento hierárquico serem adoptadas para criar um grupo de imagens semelhantes para detetar o acontecimento específico de acordo com os requisitos do utilizador.

2. Processamento de imagens e extração de imagens utilizando árvores de decisão[4] : A informação está escondida nas imagens e é efectuada a extração de dados e o processamento de dados de imagens. As caraterísticas da imagem em termos de pixels são extraídas e a transformação da base de dados é efectuada em tabelas. São aplicados vários algoritmos de extração de dados a estes dados.
3. Uma aplicação de extração de vídeo para recuperação de imagens[5] : A extração de vídeo envolve a análise da classificação, indexação e recuperação baseadas no conteúdo; representação, navegação e visualização das caraterísticas do vídeo. O levantamento das tecnologias disponíveis e potenciais para a monitorização e extração de vídeo, os métodos gerais de análise rápida e eficiente de fluxos de vídeo com base no conteúdo e a identificação de direcções promissoras para a investigação nesta área desafiante. Deteção automática dos limites entre os planos de um vídeo, que são depois indexados para formar uma biblioteca, guardando as caraterísticas próprias de cada plano/quadro. A recuperação fácil com base no plano de acordo com os requisitos do utilizador.

Capítulo 2

Revisão da literatura

2 Pesquisa bibliográfica

Os vários artigos referidos são a referência para o trabalho proposto. Os artigos referem-se ao trabalho publicado no domínio da deteção de peões com vários algoritmos. Os algoritmos de deteção de objectos utilizam os vários classificadores para detetar o rosto, a cor da pele, as posturas e o fundo. Os dados são armazenados no conjunto de dados criado e os dados de entrada são extraídos com o processamento da imagem para obter o resultado pretendido.

2.1 C^4 : Uma estrutura de deteção de objectos em tempo real

Foi criada uma estrutura de deteção de objectos precisa e em tempo real em C^4 com uma velocidade de 20 fps e uma precisão de deteção de última geração, utilizando apenas uma thread de processamento sem recorrer a hardware especial como a GPU. A deteção precisa de objectos em tempo real é possível graças a dois contributos. O contorno deve ser capturado e os sinais de comparações entre pixels vizinhos são a informação chave para capturar pistas de contorno. O descritor visual CENTRIST é adequado para a deteção de objectos com base no contorno, porque codifica a informação do sinal e pode representar implicitamente o contorno global. Quando o CENTRIST e o classificador linear são utilizados, é proposto um método computacional que não necessita de gerar explicitamente vectores de caraterísticas. Não envolve qualquer pré-processamento de imagem ou normalização de vectores de caraterísticas, e requer apenas O(1) passos para testar um fragmento de imagem. O C4 também é suscetível de ser acelerado por hardware. Foi aplicado para detetar objectos como peões, rostos e carros em conjuntos de dados de referência. Tem uma precisão de deteção comparável com os métodos mais avançados e tem uma clara vantagem na velocidade de deteção com o conjunto de dados .[6]

2.2 Deteção humana baseada em grandes conjuntos de caraterísticas utilizando GPU

Para obter uma melhor representação para a deteção de seres humanos, foram combinadas e utilizadas informações sobre bordos, cor e textura. No entanto, esta combinação resulta num espaço de caraterísticas de dimensão extremamente elevada. O grande número de descritores de caraterísticas resulta numa extração de caraterísticas dispendiosa e exige um processo de redução da dimensão. As estruturas baseadas na programação de unidades de processamento gráfico (GPU) de uso geral têm sido aplicadas com sucesso em problemas de visão computacional e, neste trabalho, modelamos o problema da deteção humana de modo a que CPUs multi-core e múltiplos dispositivos GPU possam ser utilizados para acelerar o processo. Os resultados experimentais mostram uma redução significativa do tempo de computação quando comparados com a abordagem baseada em CPU de série .[7]

2.3 Deteção humana rápida utilizando uma cascata de HOG

Integrar a abordagem de cascata de rejeitadores com as caraterísticas dos Histogramas de Gradientes Orientados (HOG) para obter um sistema de deteção humana rápido e preciso. As caraterísticas utilizadas no nosso sistema são HoG de blocos de tamanho variável que captam automaticamente as caraterísticas salientes dos seres humanos. Utilizando AdaBoost para a seleção de caraterísticas, identificamos o conjunto apropriado de blocos, a partir de um grande conjunto de blocos possíveis. O sistema utiliza a representação integral da imagem e uma cascata de rejeição que acelera significativamente o cálculo. Para uma imagem de 320×280, o sistema pode processar 5 a 30 fotogramas por segundo, dependendo da densidade com que digitalizamos a imagem, mantendo um nível de precisão semelhante ao dos métodos existentes .[8]

2.4 Um algoritmo de deteção de pessoal para um IMA

Com um número avassalador de contentores que entram diariamente nos Estados Unidos, os portos de entrada estão a causar grandes preocupações à segurança interna. A interrupção do comércio para inspecionar todos os contentores seria proibitiva. Atualmente, as vedações e as patrulhas de segurança portuária protegem estes parques de armazenamento de contentores. Para melhorar o desempenho do sistema de segurança, uma implementação baseada num sistema de transporte inteligente totalmente distribuído e de baixo custo. A incorporação de um algoritmo de deteção humana para melhorar as medidas de segurança padrão é implementada. O detetor humano baseia-se na abordagem de deteção do histograma de gradientes orientados e na abordagem de deteção de caraterísticas do tipo Haar. De acordo com os resultados experimentais realizados, a fusão dos dois detectores resulta num detetor humano com uma taxa de deteção elevada e uma taxa de falsos positivos inferior. Este sistema permite que operadores autorizados em qualquer consola controlem qualquer dispositivo dentro das instalações e monitorizem áreas restritas em qualquer altura [9] .

2.5 Histogramas de gradientes orientados para deteção humana

Estudar as caraterísticas de vários conjuntos para um reconhecimento visual robusto de objectos, adoptando a deteção humana baseada em SVM linear como caso de teste. Depois de analisar os descritores existentes baseados em arestas e gradientes, mostramos experimentalmente que as grelhas de descritores de Histogramas de Gradientes Orientados (HOG) superam significativamente os conjuntos de caraterísticas existentes para a deteção humana. A influência de cada fase do cálculo no desempenho, concluindo que gradientes de escala fina, binning de orientação fina, binning espacial relativamente grosseiro e normalização de contraste local de alta qualidade em blocos de descritores sobrepostos são importantes para obter bons resultados. A nova abordagem proporciona uma separação quase perfeita na base de dados original de peões do MIT, um conjunto de dados mais exigente que contém mais de 1800 imagens humanas anotadas com uma grande variedade de variações de pose e fundos é introduzido .[1]

Capítulo 3

Sistema atual

O histograma de gradiente orientado centra-se na limpeza das imagens e tem um desempenho melhor do que a transformada wavelet. Os resultados do HOG dão ênfase às arestas abruptas na escala fina. O gradiente é calculado na escala atual e depois desfocado espacialmente. A normalização é essencial para obter bons resultados. Cada elemento e célula é normalizado com o valor limiar e os vários gradientes são calculados com os classificadores.

3.1 Histograma de gradientes orientados

HOG significa Histogramas de Gradientes Orientados. O HOG é mais conhecido como um tipo de "descritor de caraterísticas". O objetivo de um descritor de caraterísticas é generalizar o objeto de tal forma que o mesmo objeto, que pode ser classificado nas várias categorias de aplicação, produza o mais próximo possível do mesmo descritor de caraterísticas quando visto em condições diferentes. Isto torna a classificação dos objectos uma tarefa mais fácil. Os criadores desta abordagem treinaram uma Máquina de Vectores de Suporte (um tipo de algoritmo de aprendizagem automática para classificação), ou "SVM", para reconhecer descritores HOG de pessoas. O detetor de pessoas HOG é bastante simples de compreender. Uma das principais razões para tal é o facto de utilizar uma caraterística "global" para descrever uma pessoa em vez de um conjunto de caraterísticas "locais". Em termos simples, isto significa que toda a pessoa é representada por um único vetor de caraterísticas, por oposição a muitos vectores de caraterísticas que representam partes mais pequenas da pessoa [10][11].

O detetor de pessoas HOG utiliza uma janela de deteção deslizante que é movida à volta da imagem. Em cada posição da janela de deteção, é calculado um descritor HOG para a janela de deteção. Este descritor é então mostrado ao SVM treinado, que o classifica como "pessoa" ou "não é uma pessoa". Para reconhecer pessoas em diferentes escalas, a imagem é subamostrada em vários tamanhos. Cada uma destas imagens subamostradas é pesquisada.

Histogramas de gradiente

O detetor de pessoas HOG utiliza uma janela de deteção com 64 pixels de largura por 128 pixels de altura. Abaixo estão algumas das imagens originais utilizadas para treinar o detetor, cortadas para a janela de 64×128. As imagens do descritor HOG são apresentadas na Figura 3.

Figura 3: O descritor HOG

Antes de descrever a construção de tais árvores, é útil enumerar algumas observações que motivaram a sua conceção .[12][13][14]

(O1) Conjuntos de dados não equilibrados:

Sem conhecimento prévio, a deteção de objectos envolve uma pesquisa de força bruta em toda a imagem. É necessário verificar um grande número de janelas para detetar a presença de um objeto alvo. Na prática, este número é da ordem dos milhares, enquanto o número de instâncias de objectos raramente ultrapassa algumas dezenas. Assim, o custo global de processamento é maioritariamente determinado pelo custo de processamento dos padrões de fundo.

(O2) Riqueza da classe de fundo:

Para além do problema do desequilíbrio, os padrões de fundo podem consistir apenas em "tudo o que não é um objeto alvo". Assim, o fundo pode incluir objectos de classes mais próximas em aparência das classes alvo. Além disso, os padrões de fundo estarão longe de estar agrupados em qualquer espaço de caraterísticas. Isto torna a separação de uma classe de objectos do fundo mais difícil do que entre classes de objectos alvo.

(O3) Caraterísticas partilhadas:

Na maior parte das vezes, as classes de objectos da vida real apresentam uma grande variabilidade entre as suas instâncias e carecem de caraterísticas distintivas únicas. Várias classes podem partilhar certas caraterísticas, o que, no entanto, as distingue de muitas outras classes sem essas caraterísticas.

(O4) Sobreposição de distribuições:

A distinção entre classes é muitas vezes dificultada pela sobreposição das suas distribuições de caraterísticas. Basicamente, os padrões podem ser divididos em subconjuntos de padrões "fáceis" e "difíceis", ver Figura 1. Além disso, o que é fácil ou difícil depende da escolha das caraterísticas.

Um classificador mais sofisticado - que utilize caraterísticas mais complexas ou em maior número - pode tomar decisões mais corretas do que um classificador simples, à custa de um custo computacional mais elevado.

Estas observações conduziram-nos a várias decisões de conceção. Dado que as classes partilham frequentemente caraterísticas (O3), uma abordagem de árvore de decisão é razoável. Esta conduz à subdivisão gradual dos padrões em conjuntos de classes mais pequenos, com base em decisões conjuntas nos nós. Em vez de utilizar decisões binárias nos nós da árvore, como é habitualmente feito, utilizamos decisões ternárias. A inspiração vem de (O4). Os padrões são divididos em três subconjuntos: dois que correspondem a casos claros que devem seguir uma ou outra direção nos ramos da árvore (ou seja, os padrões "fáceis"), e uma terceira via para os casos menos evidentes (ou seja, os padrões "difíceis"), para os quais as decisões são adiadas até serem analisadas mais aprofundadamente.

Outra decisão importante que tomámos foi a de dividir a deteção de objectos de várias classes-alvo em duas fases.

A primeira visa separar o fundo, para que possa ser descartado na segunda fase, que distingue as classes de objectos visadas. Este tratamento especial da classe de fundo é justificado por (O1) e (O2).

3.2 Classificadores Harr em cascata

Um classificador em cascata Harr featured basicamente diz ao OpenCV o que procurar nas imagens. Na aplicação, é treinado um classificador para a deteção de pessoas. Mas a maior parte deles são para reconhecer rostos, olhos, orelhas e bocas, todos separadamente. Nesta aplicação, treinamos o classificador Harr para combinar todas as detecções e identificar um ser humano em movimento [11][15][16][17].

Para treinar o próprio classificador, são necessárias muitas imagens de amostra que mostrem o objeto que queremos detetar (amostra positiva) e ainda mais imagens sem o objeto (amostra negativa). O número de imagens depende de uma variedade de factores, incluindo a qualidade das imagens, o objeto a reconhecer e o método para gerar as amostras. O treino de um classificador altamente preciso requer muito tempo e um grande número de amostras. O conjunto de dados utilizado é o conjunto de dados INRIA com mais imagens adicionadas ao conjunto de dados. O conjunto de dados contém 2500 imagens positivas e 1000 imagens negativas para testar

Imagens positivas

Para obter imagens positivas dos objectos desejados, extraia as imagens do vídeo ou clique nas imagens desejadas. São necessárias, no mínimo, 40 amostras de imagens positivas nítidas para o Open CV trabalhar. As imagens devem ter um fundo, cores, luz e textura diferentes. Recortar o objeto pretendido a partir das fotografias clicadas. O tamanho das imagens cortadas deve ser o mesmo e o objeto pretendido deve ser nítido.

Agora, temos de tirar fotografias do objeto que queremos detetar, procurá-las na Internet, extraí-las de um vídeo ou tirar algumas fotografias Polaroid e depois digitalizá-las. Algumas imagens do conjunto de dados são mostradas abaixo na Figura 4.

Figura 4: Conjunto de dados positivos

Pegue nas imagens positivas e recortadas e coloque-as no diretório ./ positive_images do repositório clonado.

Imagens negativas

As imagens negativas são as imagens que não mostram o objeto desejado para o qual o classificador foi concebido. Para treinar o classificador, é necessário um maior número de imagens negativas. Para a deteção humana, o classificador treinado tem 1200 imagens negativas no conjunto de dados. As imagens são as que se assemelham a um ser humano, mas na realidade são as negativas a classificar.

Capítulo 4

Sistema proposto

A deteção humana é um problema fundamental da visão computacional, com várias aplicações, incluindo a robótica, a vigilância e a segurança automóvel. Muitos dos progressos registados nos últimos anos foram impulsionados pela disponibilidade de conjuntos de dados públicos exigentes. Para continuar o ritmo acelerado de inovação, o conjunto de dados do INRIA foi enriquecido com mais imagens, que são duas ordens de grandeza maiores do que os conjuntos de dados existentes. O conjunto de dados contém um vídeo ricamente anotado, gravado a partir de um veículo em movimento, com imagens desafiantes de baixa resolução e pessoas frequentemente ocluídas. A proposta melhora as métricas de avaliação, demonstrando que as medidas por janela habitualmente utilizadas são imperfeitas e podem não prever o desempenho em imagens completas. O benchmark promete sistemas de deteção, fornecendo uma visão geral do desempenho do estado da arte e uma comparação direta e imparcial dos métodos existentes. Por fim, ao analisar casos de falha comuns, ajuda a identificar futuras direcções de investigação neste domínio.

As etapas gerais da deteção de peões são:

1. Capturar imagem ou introduzir o vídeo gravado ou iniciar o modo de captura em direto.
2. Encontrar a imagem filtrando o fundo.
3. Extrair caraterísticas para gerar o modelo.
4. Comparar o modelo com o conjunto de dados.
5. A saída é apresentada.

O sistema proposto de captura e seguimento em direto (LCT) foi concebido com a combinação dos trabalhos anteriores realizados sobre o algoritmo HOG, utilizando o classificador Harr e SVM com o conjunto de dados INRIA. O tamanho da janela de captura é reduzido para efeitos de formação, a fim de reduzir o número de falsas detecções por fotograma (FDPF) e aumentar as detecções positivas por fotograma (PDPF). Pode ainda ser dada mais formação para reduzir as falsas detecções. Por vezes, devido ao desfasamento temporal e à velocidade, o falso alarme também aumenta.

Etapas envolvidas na deteção de LCT.

1. Conversão de uma sequência de vídeo em imagens individuais com 30 fotogramas por segundo
2. Aceder às imagens sequenciais e detetar as caraterísticas importantes, como a cor da pele das mãos do rosto.
3. Atribuição das regiões que dão indicações de presença humana, como a cor, as texturas e o

fundo de uma pele humana.

4. Aplicar o teste de deteção de movimentos a todas as regiões afectadas.
5. Aplicar o detetor de rostos aos objectos em movimento detectados para detetar se se trata de um rosto ou não.
6. O detetor de peões (humanos) tem de funcionar como uma série de filtros que filtram o ruído (regiões não humanas) através de diferentes testes que utilizam a informação espacial e temporal disponível.

Vantagens:

1. Velocidade de deteção rápida,
2. o tamanho da janela de captura é reduzido para diminuir o número de falsas detecções por fotograma.
3. o rácio de captura é de 30 fotogramas por segundo para o vídeo em direto e para o vídeo gravado.

4.1 Módulos

Existem apenas dois módulos de aplicação.

1. o modo de gravação.
2. o modo em direto.

No modo gravado, como mostra a Figura 5, funciona com alguns vídeos pré-gravados. Captura o peão a caminhar e mostra-o na janela de captura e com um som de campainha [18][19][20].

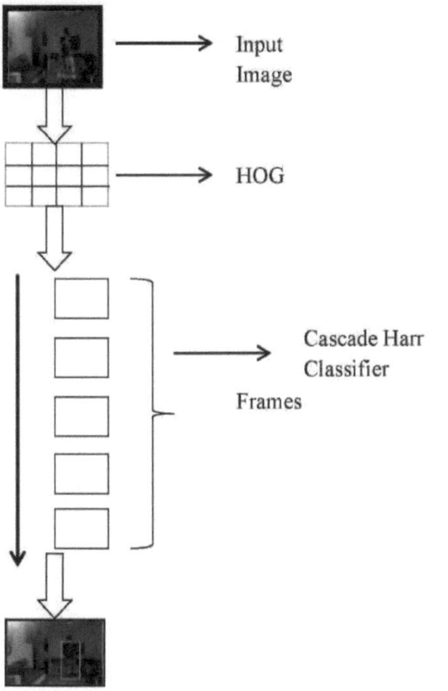

Figura 5: Captura e rastreio

No modo em direto, para o modelo proposto, a câmara do computador portátil é utilizada para captar o vídeo e detetar os seres humanos[21][22][23] . Quando capta o peão, indica-o com uma janela de captura verde e um sinal sonoro

4.2 O gráfico de limiar

O gráfico do limiar representa os vários valores armazenados no formato de árvore. O gráfico é apresentado na Figura 6.

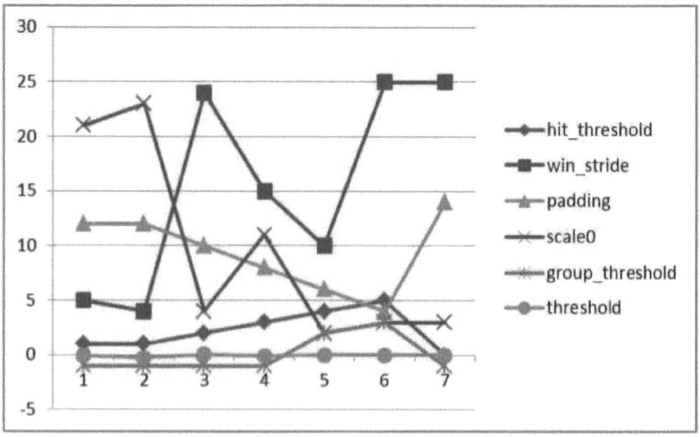

Figura 6: O gráfico de limiar

4.3 Análise dos requisitos

O requisito básico é a imagem de entrada ou um vídeo de entrada que é utilizado para gerar a saída final. Um vídeo pré-gravado ou captado em direto é treinado para o classificador. O classificador Harr é treinado para identificar os peões a partir do conjunto de dados INRIA, que contém uma coleção de 2500 imagens. Os conjuntos de dados positivos e negativos são criados para evitar as falsas detecções.

Configuração de hardware

1. Sistema: Pentium Iv 2.4 Ghz
2. disco rígido: 160 Gb (mínimo)
3. Ram: 2 Gb

Configuração do software

1. sistema operativo: Windows 7
2. língua de codificação: Open Cv
3. Backend: Conjunto de dados INRIA

Capítulo 5
Diagramas

5.1 Fluxo de trabalho

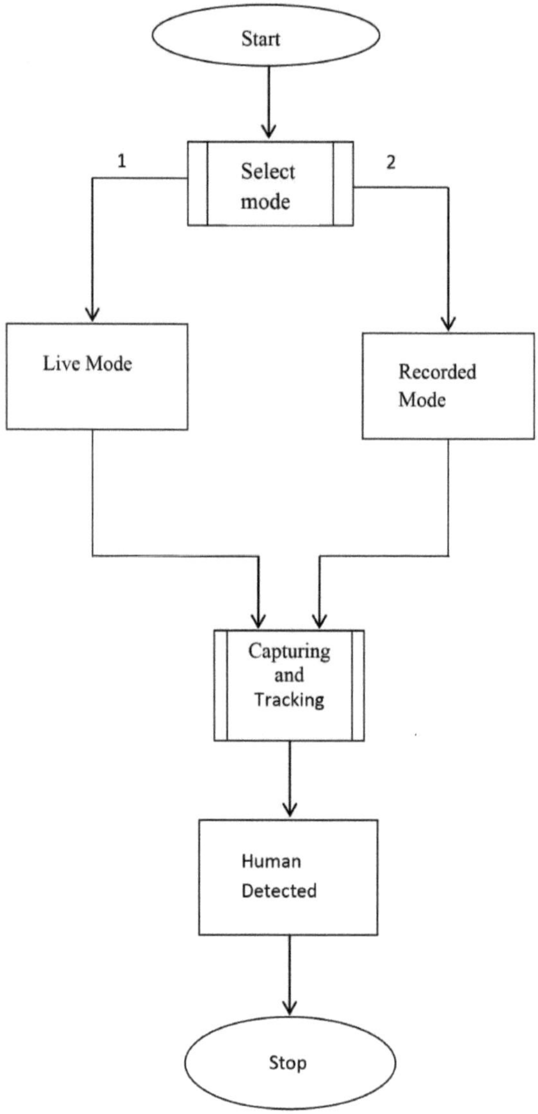

5.2 Captura e rastreio

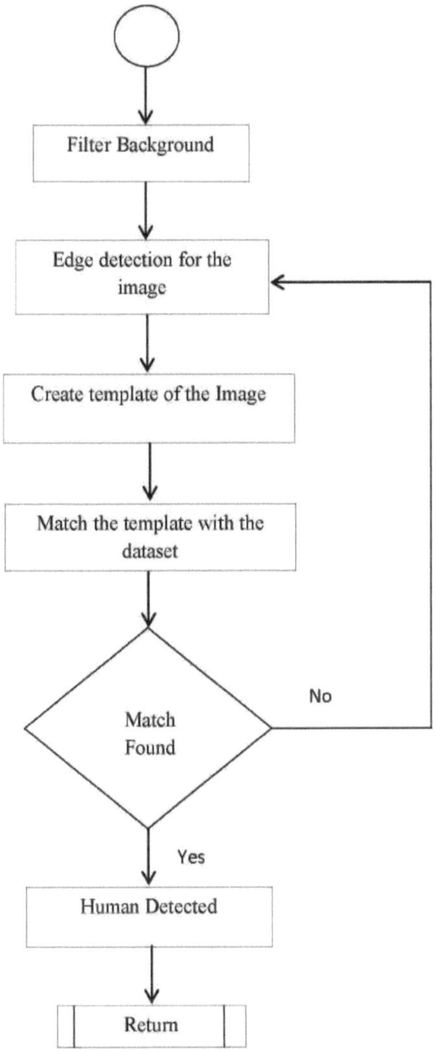

5.3 Caso de utilização

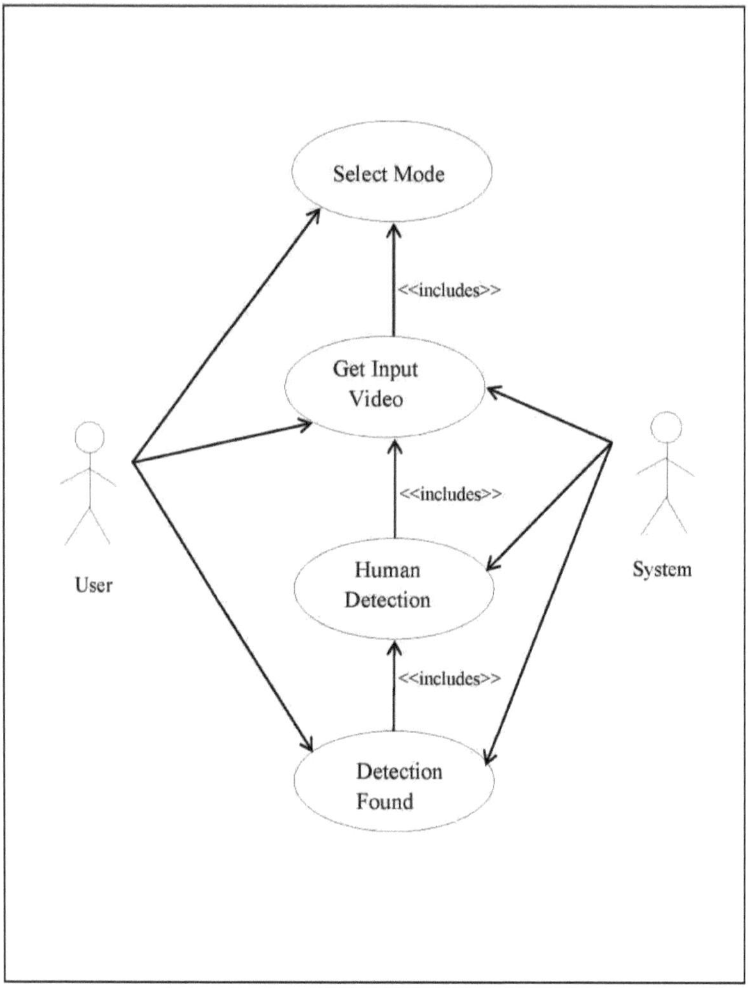

5.4 Diagrama de actividades

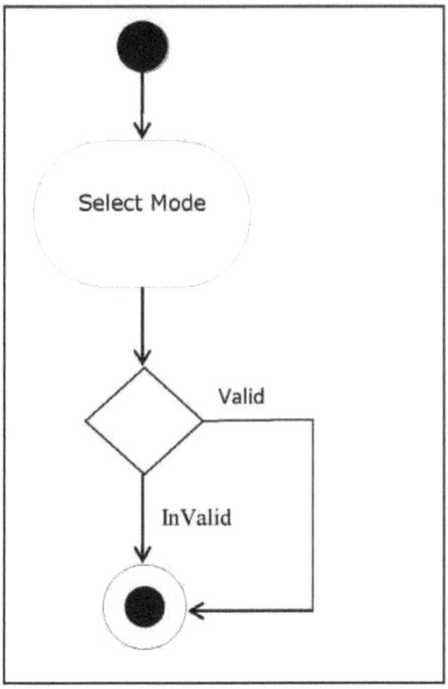

5.5 Pista de natação

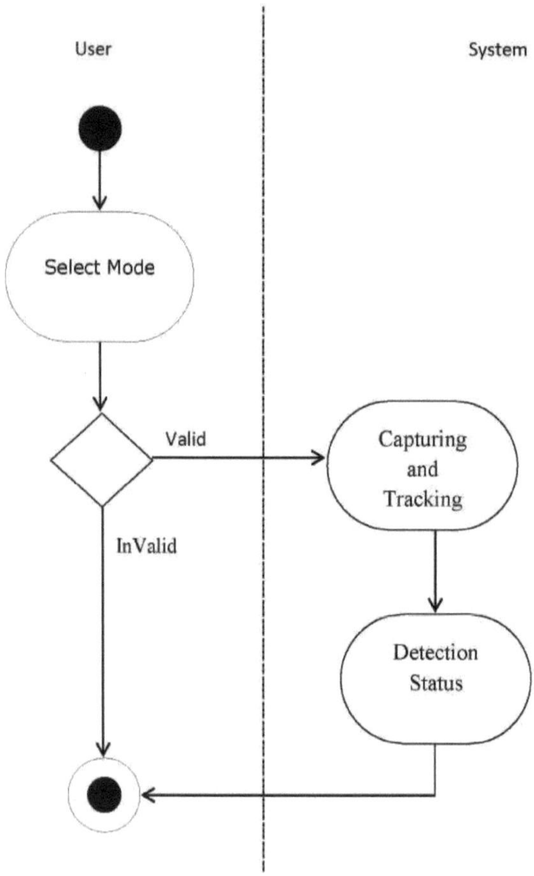

Capítulo 6

Conceção e implementação do sistema Implementação

6.1 Aplicação

O Open CV é o front end da aplicação e, no back end, é utilizado o conjunto de dados INIRIA, que é treinado na estrutura em forma de árvore para dar o resultado necessário para remover a falsa deteção por fotograma da aplicação.

6.2 Linguagem - Open CV Framework

A estrutura do CV aberto, que consiste em várias caraterísticas, é apresentada na Figura 7.

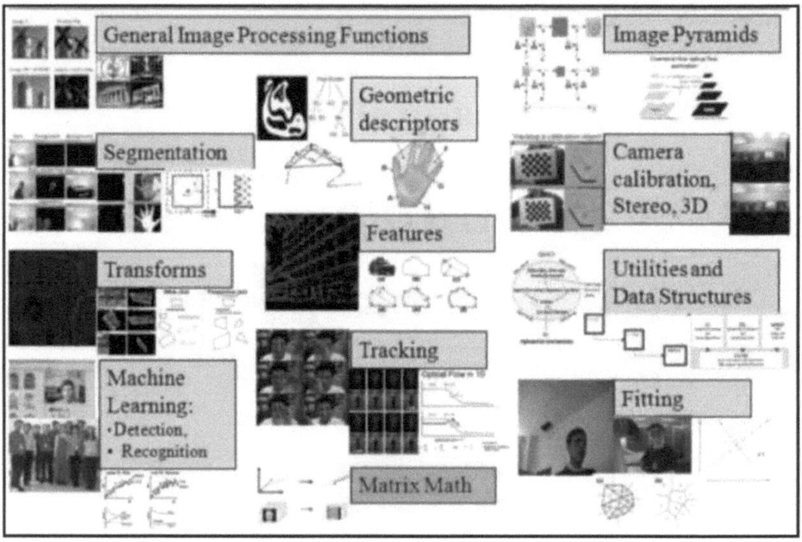

Figura 7: Quadro CV aberto

6.3 OpenCV

Lançado oficialmente em 1999, o projeto OpenCV foi inicialmente uma iniciativa da Intel Research para fazer avançar as aplicações de utilização intensiva da CPU, parte de uma série de projectos que incluíam o traçado de raios em tempo real e as paredes de visualização 3D. Os principais colaboradores do projeto incluíam vários especialistas em otimização da Intel Rússia, bem como a equipa da biblioteca de desempenho da Intel. Nos primeiros dias do Open CV, os objectivos do projeto foram descritos como

1. Fazer avançar a investigação sobre visão fornecendo não só código aberto mas também

optimizado para a infraestrutura básica de visão. Chega de reinventar a roda.

2. Divulgar o conhecimento da visão, fornecendo uma infraestrutura comum sobre a qual os programadores pudessem construir, de modo a que o código fosse mais facilmente legível e transferível.
3. Fazer avançar as aplicações comerciais baseadas na visão, disponibilizando gratuitamente o código portátil e optimizado em termos de desempenho - com uma licença que não exigisse a sua abertura ou libertação.

A primeira versão alfa do Open CV foi lançada ao público na

OpenCV (Open Source Computer Vision) é uma biblioteca de funções de programação para visão computacional em tempo real. É desenvolvida pela Willow Garage, que é também a organização por detrás do famoso Robot Operating System (ROS). O MATLAB também pode fazer processamento de imagem, então porquê o OpenCV? Abaixo estão listadas algumas diferenças entre ambos. Depois de as analisar, pode decidir por si próprio.

Aplicações

As áreas de aplicação do OpenCV incluem:

1. Conjuntos de ferramentas de caraterísticas 2D e 3D
2. Estimativa do movimento egocêntrico
3. Sistema de reconhecimento facial
4. Reconhecimento de gestos
5. Interação homem-computador (IHC)
6. Robótica móvel
7. Compreensão do movimento
8. Identificação de objectos
9. Segmentação e reconhecimento
10. Estereopsia Visão estereoscópica: perceção da profundidade a partir de 2 câmaras
11. Estrutura a partir do movimento (SFM)
12. Seguimento de movimentos
13. Realidade aumentada

Alguns algoritmos básicos de "blocos de construção" utilizados na visão computacional aberta

Deteção

1. Deteção de movimento - Encontra grupos de pixéis (caraterísticas) que estão em movimento (alteração na
posição de um quadro para o outro).
2. Deteção de linhas - Encontra grupos de pixels (caraterísticas) que estão organizados em linhas rectas
linhas, ao longo das arestas.
3. Deteção de faces - Encontra grupos de pixéis organizados num grupo que se enquadra no modelo
de um rosto.

Rastreio

1. Seguimento baseado no fluxo ótico - uma combinação de algoritmos utilizados para seguir objectos em movimento num vídeo utilizando caraterísticas.

Capítulo 7

Entrada Saída Conceção

7.1 Conceção das entradas

O sistema foi concebido para detetar objectos na perspetiva mais ampla e pessoas (peões) na perspetiva da aplicação. O conjunto de dados é criado e treinado para detetar as pessoas com diferentes texturas de pele, estilos de cabelo, rosto, altura variável e em fundos agrupados. Os dados de entrada são os vídeos captados anteriormente ou no seguimento em direto e no modo de captação

Formato do ficheiro: avi, wmv, mp4, mpeg2, jpeg.
Tamanho: Sem restrições
Dispositivo de entrada: Webcam

7.2 Conceção das saídas

O resultado da aplicação é a deteção do peão a partir do modo em direto e o alerta com uma moldura ou um sinal sonoro.

A imagem de entrada

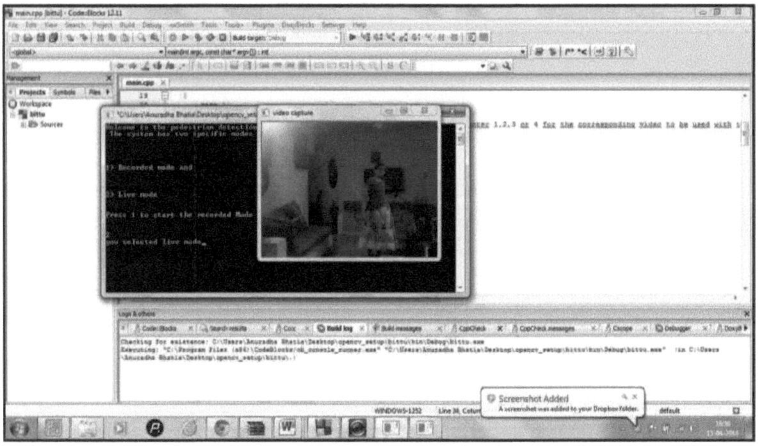

A saída

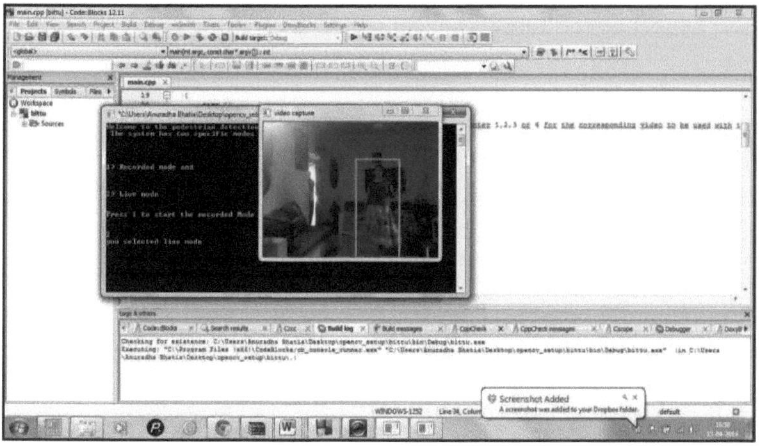

A partir do modo em direto

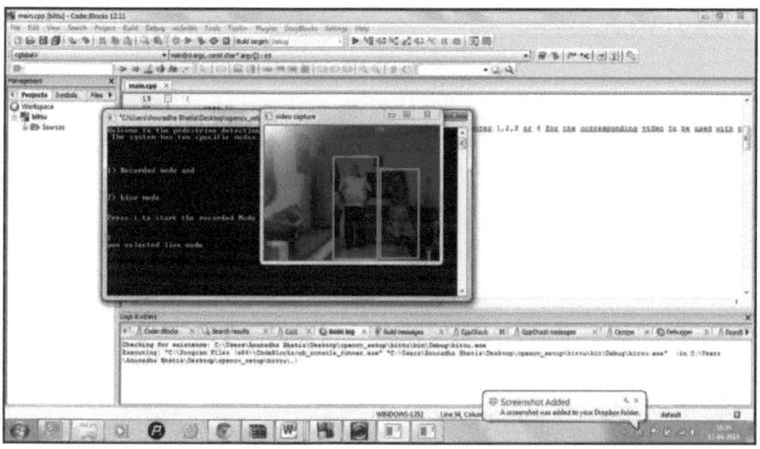

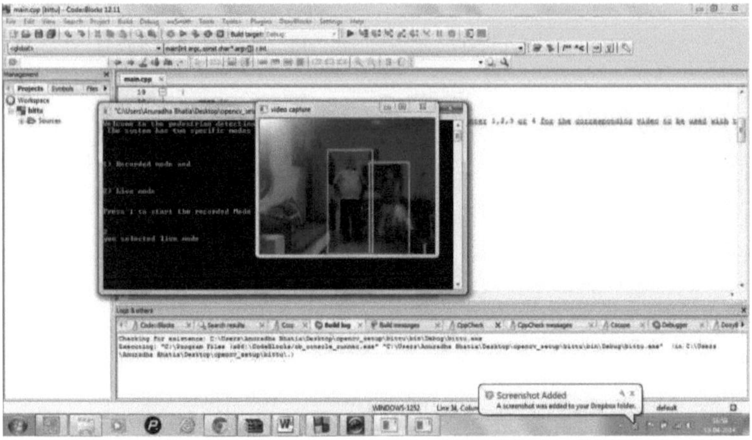

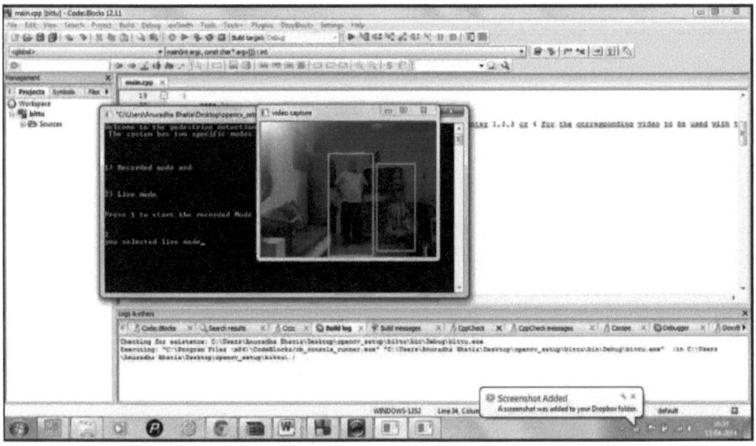

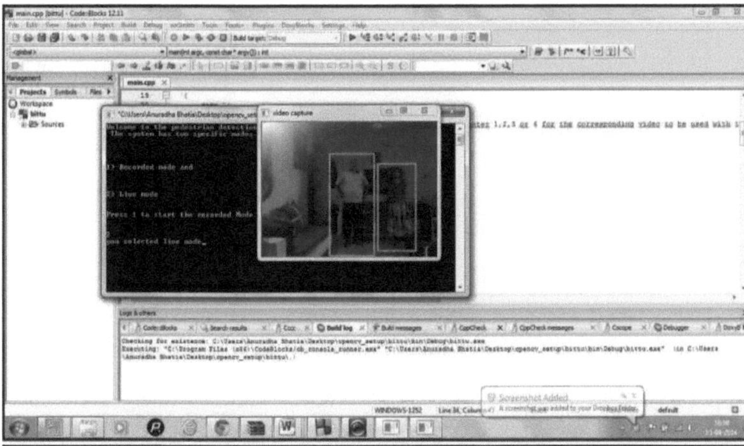

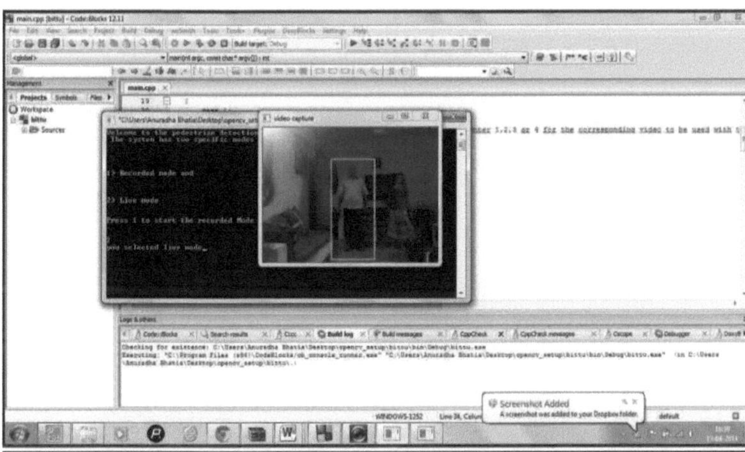

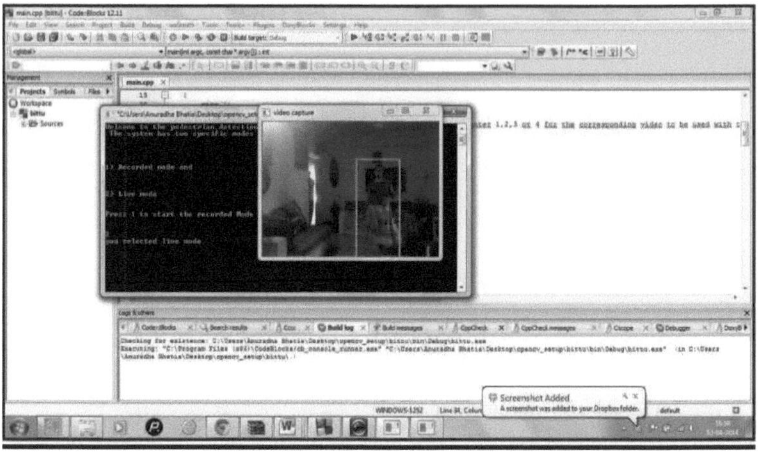

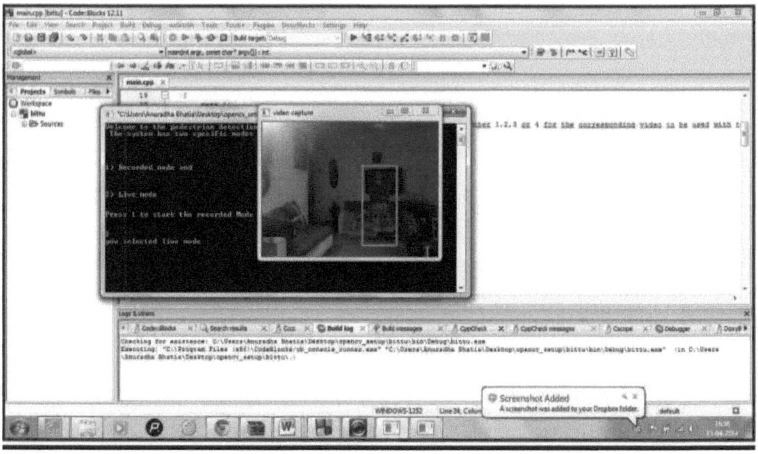

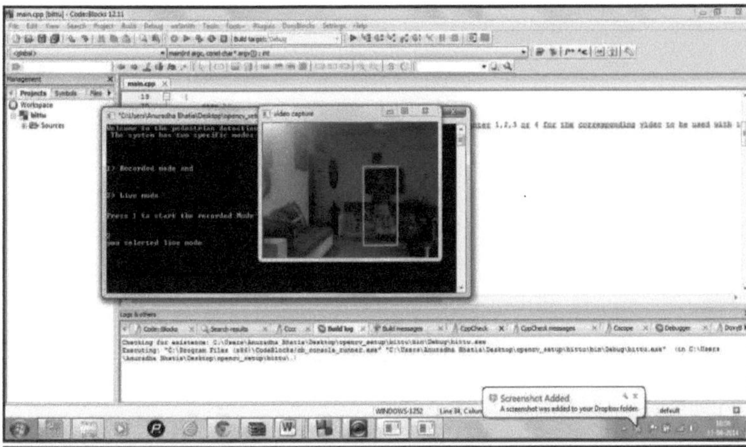

A partir do modo de gravação

Screenshot Added

Screenshot Added

Screenshot Added

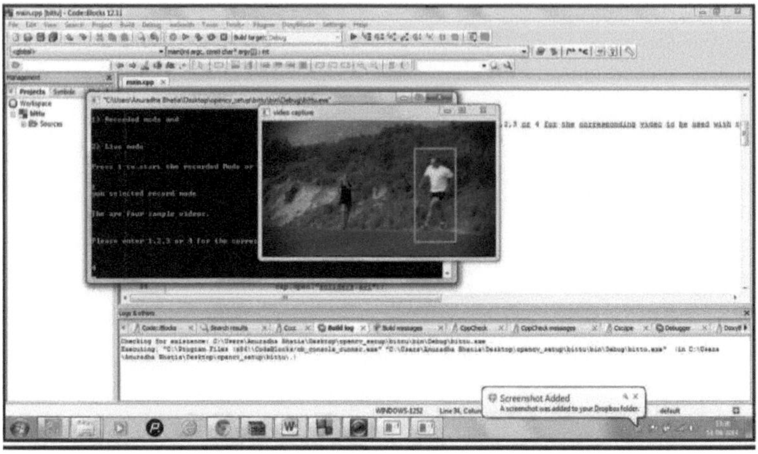

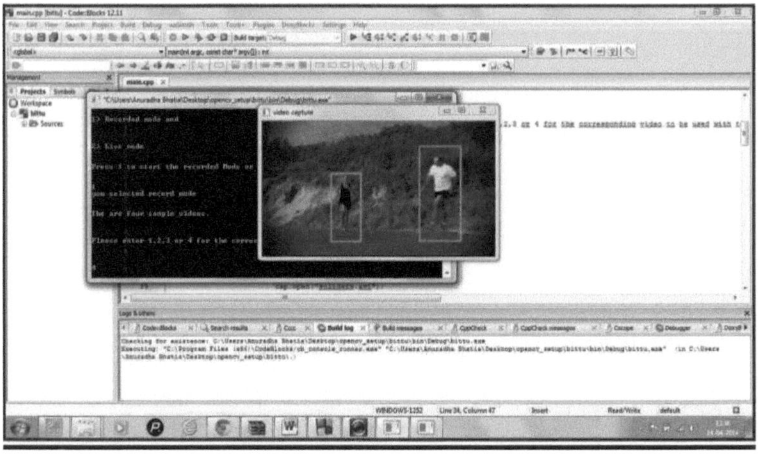

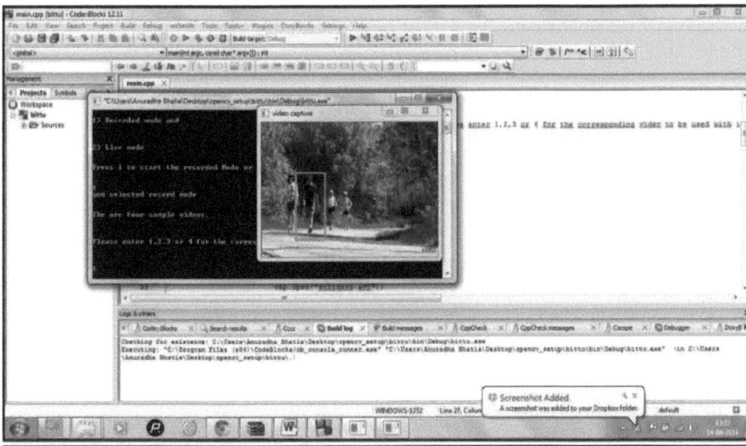

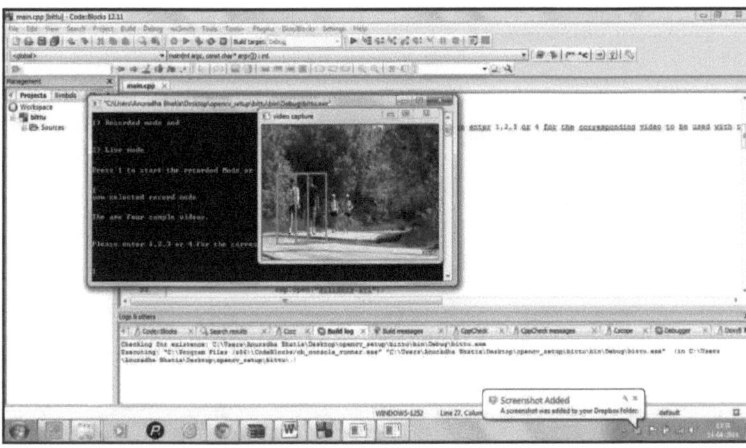

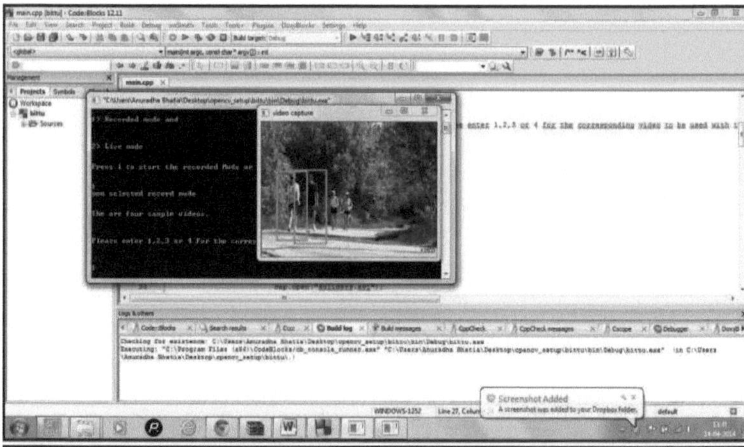
main.cpp [bittu] - Code::Blocks 12.11
video capture
Screenshot Added
A screenshot was added to your Dropbox folder.
WINDOWS-1252

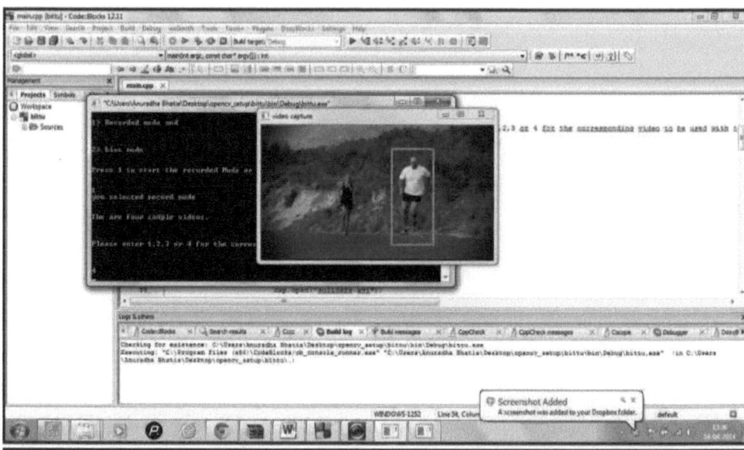
main.cpp [bittu] - Code::Blocks 12.11
video capture
Screenshot Added
A screenshot was added to your Dropbox folder.
WINDOWS-1252

Capítulo 8

Conclusões

O tamanho da imagem de entrada é o principal fator que torna o tempo de deteção mais lento e deve-se a um maior número de janelas de deteção visitadas necessárias para a deteção. A amostragem reduzida das imagens pode ajudar a diminuir o tempo de deteção para se enquadrar num modelo de deteção de peões em tempo real ou quase real. Além disso, o trabalho realizado com unidades de processamento gráfico de uso geral (GPGPUs) indica que a velocidade de processamento aumenta com este tipo de aplicação. A primeira fase do sistema é a fase de seguimento. O localizador de objectos identifica silhuetas em movimento na captura de vídeo e alerta o utilizador para uma potencial ameaça. A segunda fase inclui o detetor de corpo inteiro HOG que analisa a localização do objeto em movimento e determina se se trata de um ser humano ou não. A terceira fase introduz o detetor de caraterísticas pedestres do tipo Haar que tenta encontrar as regiões superior e inferior do corpo humano. A quarta fase inicia o envio de mensagens de retorno entre os detectores para decidir se a região detectada contém efetivamente um peão ou se se trata de um falso positivo. Após várias iterações, o sistema converge e os resultados da deteção são recolhidos. Os resultados recolhidos neste documento baseiam-se em vários conjuntos de dados de treino e teste. Isto ajuda a estabelecer uma solução mais generalizada para os desafios apresentados. As duas fases complementam-se de tal forma que o sistema de deteção é muito mais forte do que os sistemas actuais. A abordagem de Viola e Jones não é uma abordagem computacionalmente pesada e permite a deteção de objectos em diferentes escalas e fundos. Assim, a fase de feedback ajudará a melhorar a taxa de deteção sem tornar o sistema global mais lento. Utilizando técnicas de processamento de imagem, a segurança pode ser reforçada para detetar pessoas não autorizadas em zonas restritas. Os operadores de segurança portuária podem confiar nos alertas produzidos pelo sistema de deteção e seguimento de peões, bem como nos dispositivos de seguimento de contentores, para avaliar a segurança do porto. Estes sistemas complementam o sistema de segurança global e integram-se bem como blocos de construção. Esta abordagem de segurança pode ser utilizada em vários locais de aplicação para melhorar a segurança global a nível nacional.

Trabalho futuro

A aplicação pode ser implementada como uma aplicação do mundo real com a câmara Sony GoPro instalada nos veículos, uma vez que tem uma boa área de captação. O hardware e o software podem ser implementados para alertar o condutor e evitar acidentes devido à fadiga. A aplicação

A melhoria depende do número de fotogramas e da taxa de velocidade a que a captura é efectuada. Para peões não excluídos com mais de 80 píxeis de altura, o HOG alcança 60% de recuperação a 1 FPPI no conjunto de dados proposto. Esta percentagem é melhorada quando comparada com os 80% de recuperação a 1 FPPI nos dados do INRIA em que o HOG foi treinado. Nestas condições, o desempenho é razoável, mas ainda está abaixo dos níveis necessários para as aplicações do mundo real. Para melhorar a taxa de captura, é necessário mais treino para maior precisão e captura rápida para a aplicação no mundo real para implementação. A taxa de fotogramas é de 30 FPS, mas é necessário trabalhar mais nas falsas detecções por fotograma.

Capítulo 9

Literatura citada

[1] N. Dalal e B. Triggs. Histogramas de Gradientes Orientados para Deteção Humana. Em IEEE Intl. Conference on Computer Vision and Pattern Recognition, páginas 886-893, 2005.

[2] N. Dalal. Finding People in Images and Videos . Tese de doutoramento, Instituto Nacional Politécnico de Grenoble, 2006.

[3] N. Dalal e B. Triggs. Histograma de gradiente orientado para deteção humana. Em CVPR, 2005.

[4] Image Processing and Image Mining using Decision Trees, Journal of Information Science and Engineering 25, 989-1003 (2009).

[5] A Video Mining Application for Image Retrieval, International Journal of Computer Applications (0975 - 8887) Volume 20- No.3, April 2011

[6] C4: Uma estrutura de deteção de objectos em tempo real Jianxin Wu, Membro, IEEE, Nini Liu,Christopher Geyer, e James M. Rehg, Membro, IEEE , IEEE TRANSACTIONS ON IMAGE PROCESSING

[7] Deteção humana baseada em grandes conjuntos de caraterísticas usando unidades de processamento gráfico William Robson Schwartz Instituto de Computação, Universidade de Campinas, Campinas-SP, Brasil, 13083-852.

[8] Deteção humana rápida utilizando uma cascata de histogramas de gradientes orientados Qiang Zhu, Shai Avidan, Mei-Chen Yeh e Kwang-Ting Cheng, Departamento de Engenharia Eletrotécnica e de Computadores, Universidade da Califórnia em Santa Barbara, Mitsubishi Electric Research Laboratories 201 Broadway, Cambridge.

[9] Um algoritmo de deteção de pessoal para uma aplicação marítima intermodal da tecnologia ITS para a segurança das instalações portuárias Mouhammad K. Al Akkoumi, Robert C. Huck, James J. Sluss, Journal of Transportation Technologies, 2011, 1, 123-131.

[10] Deteção eficiente e simultânea de várias classes de objectos Philipp Zehnder, Esther Koller-Meier e Luc Van Gool Laboratório de Visão Computacional, ETH Zurique

[11] A Análise Visual do Movimento Humano: A Survey by D. M. Gavrila, Computer Vision and Image Understanding Vol. 73, No. 1, January, pp. 82-98, 1999

[12] Probabilistic Methods for Finding People, S. Ioffe e D.A. Forsyth, International Journal of Computer Vision 43(1), 45-68, 2001.

[13] Deteção de Peões: A Benchmark, Piotr Dollar, Christian Wojek, Bernt Schiele, Pietro Perona, Dept. of Electrical Engineering.

[14] Uma implementação do histograma de gradientes orientados para a deteção de seres humanos Cansın Yıldız

Departamento de Engenharia Informática da Universidade de Bilkent.

[15] Rapid Object Detection using a Boosted Cascade of Simple Features, Viola and Jones , accepted conference on computer vision and pattern recognition 2001.

[16] Fast Human Detection with Cascaded Ensembles por Berkin Bilgiç, Massachusetts Institute of Technology 2010.

[17] Deteção de múltiplos seres humanos parcialmente ocluídos numa única imagem através da combinação Bayesiana de detectores de partes de Edgelet

[18] Object Recognition Using Segmentation for Feature Detection, In Proceedings of the 17th International Conference on Pattern Recognition, volume 3, páginas 41-44, 2004.

[19] An Experimental Study on Pedestrian Classification S. Munder and D.M. Gavrila, IEEE transactions on pattern analysis and machine intelligence, vol. 28, no. 11, novembro de 2006

[20] Object Recognition Using Segmentation for Feature Detection, In Proceedings of the 17th International Conference on Pattern Recognition, volume 3, páginas 41-44, 2004.

[21] Multi-posture human detection in video frames by motion contour matching, QixiangYe, Jianbin Jiao, Hua Yu, Graduate University of China.

[22] Detection of Multiple Humans Using Motion Information and Adaboost Algorithm based on Harr-like Features, International Journal of Hybrid Information Technology Vol. 5, No. 2, April, 2012.

[23] Object Recognition Using Segmentation for Feature Detection, In Proceedings of the 17th International Conference on Pattern Recognition, volume 3, páginas 41-44, 2004.

Capítulo 10

Publicações do candidato

1. Anuradha Bhatia, "Approaches to Human detection - An Overview",. Conferência Internacional sobre Avanços Recentes e Desafios em Engenharia e Gestão (RACEM-2014)", nos dias 3 e 4 de abril de 2014 no VIT, Wadala, Mumbai
2. Anuradha Bhatia, "Histograma de gradiente orientado - uma panorâmica", Pragyanam-14, conferência internacional no Shah and Anchor Kutchhi Polytechnic, Chembur, Mumbai, 11 de janeiro de 2014.
3. Anuradha Bhatia, "Live Capturing and Video Tracking", "International Journal of Computer Science Engineering and Information Technology Research", ISSN (Online):2249-6831, ISSN (Print):2249-7943 , Impact Fator(JCC):6.3925.
4. Anuradha Bhatia, "Live Capturing and Pedestrian Tracking- An Implementation", submetido para revisão na IEEE transaction on Knowledge and Data Engineering".

Agradecimentos

Gostaria de aproveitar a oportunidade para expressar a minha sincera gratidão e agradecer ao **Prof. Sachin Bojewar** pelo conhecimento, orientação e cooperação no processo de realização deste projeto.

Devo o sucesso do projeto ao nosso orientador e transmito-lhe os meus agradecimentos. Gostaria de expressar os meus sinceros agradecimentos a todos os professores e membros do pessoal do **departamento de Engenharia Informática** pelo seu apoio total. Gostaria de agradecer ao nosso diretor pelo ambiente propício na instituição.

Estou igualmente grato ao pessoal da biblioteca da ARMIET pelos numerosos livros e revistas disponibilizados para consulta e utilização da Internet.

MIX
Papier aus verantwortungsvollen Quellen
Paper from responsible sources
FSC® C105338

Printed by Books on Demand GmbH, Norderstedt / Germany